Ln 27 19008.

AF728158

C.

37

MÉMOIRE JUSTIFICATIF

DE M. SIMONNIN,

Officier comptable de 1re classe des hôpitaux militaires,

MIS EN RETRAIT D'EMPLOI

PAR DÉCISION DU 20 JANVIER 1843.

BIBLIOTHÈQUE ROYALE

Messieurs et chers camarades,

Toute pénible qu'a été pour moi la mesure injuste qui est venue m'atteindre vers la fin de ma carrière, je l'aurais supportée, sinon sans indignation, du moins en silence, si le coup qui me frappe ne se faisait ressentir également sur vous.

En effet, un comptable ne peut être accusé sans qu'il ne rejaillisse sur ses collègues une partie du blâme qui lui est déversé. Trop d'envieux nous entourent pour qu'à chaque occasion ils ne s'empressent de nous dénigrer.

Déjà beaucoup de mes collègues m'ont précédé

dans le chemin de la disgrâce : ils n'ont pas cru devoir se justifier par le moyen que j'emploie aujourd'hui ; ils ont eu tort. Si chaque injustice était hautement signalée, il est probable que le nombre des victimes serait moins grand. Les méchans font le mal dans l'ombre; mais ils craignent le grand jour, et surtout la publicité.

Le compte-rendu de ma gestion de 1840 pourra vous faire juger des vingt-sept mois de mon administration à l'hôpital du Dey; si, comme j'ose l'espérer, vous reconnaissez dans les résultats la moralité qui, je crois, y existe, votre estime me restera, et c'est là le but que j'ai en vue en vous soumettant ce travail.

Veuillez agréer, Messieurs et chers camarades, la nouvelle assurance de mes sentimens affectueux,

P. Simonnin.

Paris, le 30 septembre 1843.

RÉCLAMATION

A M. LE MINISTRE DE LA GUERRE,

PAR M. SIMONNIN,

SUR SA MISE EN RETRAIT D'EMPLOI.

A SON EXCELLENCE LE MARÉCHAL

Ministre Secrétaire d'État au Département de la Guerre, Président du Conseil.

Monsieur le Maréchal,

J'ai l'honneur de vous informer qu'en vertu de la décision de Votre Excellence, en date du 20 janvier dernier, j'ai remis aujourd'hui même entre les mains de mon successeur le service hospitalier dont j'étais chargé à Saint-Omer.

Après avoir subi sans murmurer cette première conséquence de la mesure qui me frappe dans mes intérêts, dans mon avenir et dans mon honneur, il me reste, en rentrant, momentanément, je l'espère, dans la vie privée, un devoir rigoureux à remplir, celui de me justifier. Je le ferai avec tout le respect qui est dû aux décisions qui émanent de vous, Monsieur le Maréchal ; mais vous me permettrez de le faire néanmoins, car garder le silence dans une circonstance aussi délicate, serait avouer que je suis coupable : or, plus je scrute ma conduite, et plus je suis convaincu de mon innocence.

Pour ne point abuser des précieux momens que vous consacrez au bien-être de l'armée, je ne parlerai des droits que je crois avoir acquis à la bienveillance de l'administration que depuis l'année 1830, époque à laquelle je comptais déjà dix ans de service, et où je fis partie de l'expédition contre l'Afrique dans le grade que j'occupais à l'intérieur.

Promu simultanément à un grade plus élevé, et chargé de la gestion de l'hôpital de *Mustapha-Pacha*, qui fut supprimé en 1832, je ne tardai point à acquérir assez de confiance dans l'esprit de mes chefs pour être appelé à faire deux fois, et successivement, l'intérim du service de la *Salpêtrière*, que je remis au titulaire, non sans avoir recueilli des témoignages de satisfaction, ainsi que vous pouvez en acquérir la preuve par les pièces authentiques (pièces n°s 1 et 2 (1)) que j'ai l'honneur de placer sous vos yeux. D'ailleurs, est-il un témoignage plus concluant que la gestion de l'hôpital de *Bone*, qui me fut confiée quelque temps après, dans mon grade d'adjudant en premier, par M. Melcion d'Arc, intendant de l'armée, lequel, pour me servir de ses propres expressions, me donna « cette « marque de confiance, dans la certitude où il était de me la « voir justifier par mes efforts, mon zèle, et surtout par ma « probité (pièce n° 3). » Je m'estime heureux d'avoir complétement rempli son attente, puisque, le 9 janvier 1837, M. le ministre de la guerre, en chargeant de ce service un officier d'administration d'un grade plus élevé que le mien, a bien voulu m'adresser des félicitations extrêmement flat-

(1) Voir aux *pièces justificatives*, p. 25.

teuses sur la direction que j'avais imprimée à l'établissement dont il s'agit (pièce n° 4).

Je ne tardai point à trouver l'occasion de justifier cette bienveillance, en créant l'établissement temporaire des *Caroubiers*, où, sur un terrain isolé et dénué de toute ressource, j'ai improvisé et organisé en huit jours, et, j'ose le dire, presque miraculeusement, un hôpital pour quatre cents malades. Ce fut pour cette création, et pour les services que j'étais appelé à rendre dans cette position si difficile, que M. le baron Volland eut la bonté de me signaler à la justice éclairée de M. le ministre de la guerre, dans une note qui m'honore, et qui m'a fait obtenir le grade d'officier d'administration comptable (pièce n° 5).

Cet hôpital ayant été supprimé après la seconde expédition de Constantine, je vins à Alger, d'où je partis en congé pour aller en France me marier. Pendant ce congé, je sollicitai comme faveur la direction de l'hôpital de Givet, qui allait devenir vacante par la mise en retraite du titulaire. Cette faveur ne me fut point accordée, par des motifs trop honorables pour me plaindre (pièce n° 6). Je revins donc en Afrique, où, pendant près de huit mois, je fus en disponibilité, ayant sollicité cette position de M. Melcion d'Arc, plutôt que de remplacer un camarade dont on m'offrait la place, et dont le seul tort était d'être moins élevé en grade que moi. Après ce laps de temps, l'hôpital d'Oran vint à être disponible, pour des motifs qu'il ne m'appartient pas d'expliquer à Votre Excellence. J'y fus envoyé ; M. Melcion d'Arc peut vous confirmer que c'était une nouvelle preuve de la confiance qu'il avait en moi.

Cette confiance, du reste, l'engagea, quinze jours après, à me rappeler à Alger, pour me donner la direction de l'hôpital du Dey, que le titulaire demandait à quitter, pour cause d'infirmités temporaires.

Me voici donc arrivé, par suite de la bonne opinion que ma manière de gérer avait inspirée à mes chefs, à la tête du plus vaste établissement hospitalier d'Europe ; j'y reste vingt-sept mois, et ne le quitte que sur ma demande.

J'ose prendre la liberté de demander à Votre Excellence si, pendant cet espace de temps, une seule plainte est parvenue à sa connaissance, et si, au contraire, les suffrages de LL. AA. RR. les ducs d'Orléans et de Nemours ne l'ont point convaincue que cet important service était en des mains capables de bien le diriger et de le gérer en conscience (pièces 7 et 8).

Si vous daignez joindre à de si hauts suffrages l'estime de toute une population, vous concevrez, Monsieur le Maréchal, mon étonnement, je dirai plus encore, mon indignation, lorsque, de retour en France, je vis surgir contre moi les calomnies les plus atroces. Fort de mon innocence, à mon arrivée à Paris, je sollicitai de M. Evrard, directeur général du matériel, une audience, pendant laquelle je réclamai un conseil d'enquête, si les bruits injurieux qui couraient sur mon compte avaient trouvé quelque créance dans son esprit. Ce haut fonctionnaire voulut bien m'assurer que l'administration basait ses jugemens sur des preuves, et que mon placement à l'hôpital de Toulon, service que l'on avait consenti à me retirer, en suite de ma demande, devait me prouver que son opinion et celle des bureaux ne m'étaient pas défavorables ; mon placement à Saint-Omer, et successivement le quitus de mes comptes d'Afrique, et ma rentrée intégrale dans mon cautionnement, finirent par me rassurer entièrement.

Je vivais donc heureux dans un poste que je ne croyais envié par personne, par son peu d'importance, et dans l'espoir d'y finir ma carrière administrative, lorsque M. le lieutenant-général d'Hautpoul vint prendre le commandement du camp près Saint-Omer. Dans la visite que je fis collectivement avec les officiers de la garnison à ce général, il m'aborda en me disant : Vous avez été chargé du Dey, c'était un beau service. Plus tard, en visitant l'hôpital, comme général inspecteur, il me dit que j'avais fait de belles affaires en Afrique, et que j'avais gagné 500,000 fr. Forcé de prendre en considération le grade de mon interlocuteur, je me contentai de répondre qu'il serait bien embarrassé de prouver ce lucre, et que si j'avais oublié mes devoirs, c'eût été pour jouir de cette fortune et me soustraire à la dépendance de ma position; mais que la meilleure preuve qu'il n'y avait rien de vrai dans ce qu'il avançait, c'est que je l'accompagnais dans l'établissement.

Comme M. le général laissa tomber ce sujet, je m'imaginai que c'était une boutade, et ne m'inquiétai plus de cette affaire.

Cependant, c'est le rapport de ce général qui est cause de ma disgrâce; c'est en énumérant des faits erronés qui lui ont été insinués par des tiers, qu'il a parlé de robes de chambre en brocard et or, de mon luxe effréné, etc. Eh bien ! Monsieur le Maréchal, je le dis hautement, ces renseignemens sont mensongers, et partent de la bouche de quelques flatteurs qui caressaient la marotte de ce général, en disant du mal d'un membre de l'administration.

Tout me porte à croire, Monsieur le maréchal, que cette note eût perdu de sa gravité, si M. Bénard, intendant de la 16e division, avait, comme un chef consciencieux, recherché les preuves des faits. Loin de là, comme le général, il a basé son opinion sur des rapports fallacieux, fournis par des hommes d'une mauvaise foi reconnue, ainsi que vous pouvez vous en assurer en lisant les lettres ci-jointes (V. nos 9 et 10). Vous jugerez, Monsieur le Maréchal, d'après les motifs qui ont fait agir le sieur Brocquet, de la créance que vous devez accorder aux renseignemens venant de pareille source, et vous apprendrez sans doute avec étonnement, que, loin d'avoir été chassé comme il le méritait, il a peut-être reçu aujourd'hui une récompense que l'on fait attendre à un de ses collègues méritant. (1)

Que la calomnie, grossissant les faits, fasse d'une honnête aisance, fruit de mon patrimoine, de celui de ma mère, avec laquelle je vis, et des appointemens acquis après vingt-trois années de service sans interruption, une fortune colossale, ce n'est pas étonnant; mais ce que vous aurez peut-être de la peine à croire, Monsieur le Ministre, c'est qu'avant de vous signaler ce luxe effréné, avant de m'avoir enfin perdu dans votre esprit, personne de ceux qui ont pu vous renseigner, n'ont daigné s'assurer par eux-mêmes de la réalité des faits qu'ils portaient à votre connaissance. Victime de la prévention des uns et de la malveillance des autres, j'ai été jugé et condamné sans avoir été entendu.

Ce ne sera pas en vain, Monsieur le Maréchal, que j'en aurai appelé à la justice de Votre Excellence; mon innocence m'est un sûr garant que vous ne voudrez pas faire sortir des rangs de l'armée un serviteur qui, tant en Espagne qu'en Morée et sur presque toutes les parties de l'Afrique française, comprenant sa mission, fut non-seulement dévoué, mais aussi l'ami et le consolateur du soldat malade; un homme, enfin, qui croit encore pouvoir prétendre, sans orgueil, à rendre des services à son pays.

Je suis avec un profond respect,

Monsieur le Maréchal,

de votre Excellence,

le très humble et très obéissant serviteur,

15 avril 1843. P. SIMONNIN.

(1) Huit jours après l'envoi de ce mémoire au ministre, le sieur rocquet reçut sa nomination de titulaire dans le corps des secrétaires de l'intendance.

COMPTE-RENDU

DE LA GESTION DE M. SIMONNIN,

PENDANT L'EXERCICE COMPLET DE 1840.

Le soussigné, officier comptable de l'hôpital militaire du Dey (Alger), pendant les neuf derniers mois de 1839, l'exercice 1840, et les six premiers mois de 1841, a été accusé, d'*avoir, malgré son grand nombre de journées, atteint les dernières limites du réglement* (1), ce qui a entraîné son retrait d'emploi.

Cette imputation n'est pas concevable : on ne peut punir un comptable pour avoir fait rigoureusement ce que le réglement l'autorisait à faire : au comptable n'appartient pas le droit d'économiser sur l'alimentation des malades. S'il y a un réglement, c'est pour qu'on le suive. Admettre que le comptable peut se tenir en deçà des limites réglementaires, c'est admettre qu'il peut réduire les portions accordées aux malades par les réglemens. En définitive, on comprendrait bien qu'un administrateur fût puni pour n'avoir pas fait *tout* ce que le réglement prescrit ; on ne peut comprendre qu'il le soit pour l'avoir fait. On aura beau se tourner et se retourner dans une argumentation subtile, il restera prouvé que la jurisprudence du bureau des hôpitaux est une atteinte monstrueuse à la légalité et à la logique.

Il y avait autrefois, dans les compagnies, des *masses noires*, produit des économies du capitaine sur l'administration

(1) C'est-à-dire de s'être conformé trop strictement au réglement.

de la compagnie. Le réglement les a proscrites, parce qu'elles se faisaient souvent aux dépens du bien-être du soldat. Veut-on des *masses noires* dans les hôpitaux? Trouve-t-on que le soldat malade est trop bien traité? Qu'on refasse le réglement, et que les employés du bureau des hôpitaux s'occupent au plus vite de rogner légalement les portions. Ce sera chose facile à des hommes bien nourris et commodément logés, qui n'ont vu d'hôpitaux que sur le papier, et qui n'ont pu gagner dans le labeur bureaucratique le saint amour du soldat malade ou blessé. Mais jusque-là qu'on laisse les officiers comptables des hôpitaux faire, dans l'intérêt du soldat souffrant, ce que le réglement prescrit, tout ce que le réglement prescrit, et qu'on ne cherche point parmi eux des rogneurs de portions subalternes. Si l'on veut des économies sur l'alimentation et la médication des militaires que les maladies ou les hasards de la guerre conduisent dans les hôpitaux, qu'on les fasse franchement, mais non en dessous, et qu'enfin on en assume la responsabilité ouvertement, sans chercher sous main à nous en faire supporter l'odieux. Comment oserez-vous invoquer le réglement contre les comptables, si vous les autorisez vous-mêmes à le méconnaître? Ne leur fournissez-vous pas une réponse et une excuse lorsque vous les surprendrez (supposé que cela arrive) à n'avoir pas mis, par exemple, toute la viande à la marmite?

Combien il y aurait à dire sur un pareil motif de disgrâce!!!

Ce qui peut faire douter que ce soit là le réel motif de la mise en retrait d'emploi du comptable soussigné, c'est qu'il reçut en 1842 le quitus de ses comptes de 1840 et la main-levée de son cautionnement, et qu'il vient de recevoir, huit mois après le coup qui le frappe si cruellement dans ses intérêts et son honneur, le quitus de ses comptes de 1841.

Il semblerait probable qu'après une mesure aussi sévère, ce dernier quitus aurait été précédé d'une réduction plus ou moins forte. Il n'en a rien été cependant, car on ne peut considérer comme remboursement par suite de malversation la somme de 209 fr. 18 cent. pour les causes détaillées ci-dessous (1).

Le comptable soussigné, en acquittant cette somme sans opposition, n'a pas reconnu la justesse de l'imputation. Quarante lits hors de service ne sont pas chose si légère ou si petite, qu'elle puisse se perdre, et si l'inventaire de remise n'en parle pas, c'est un oubli : le fer dont se composait ces

---

(1) Paris, le 10 juillet 1843.

Monsieur,

Par dépêche ministérielle du 1er juin dernier, et à la suite de la vérification des comptes des hôpitaux militaires de l'Algérie pendant l'exercice 1841, ainsi que de la liquidation qui en a été opérée, vous avez été constitué débiteur envers l'Etat d'une somme de deux cent neuf francs dix-huit centimes, pour les motifs ci-après :

40 couchettes en fer, hors de service, ont été portées dans le compte du mobilier comme employées à réparer celles en service, sans que cette opération ait été justifiée par aucune pièce, ci.	149 fr.	25 c.
33 paires de pantoufles, hors de service, employées aux réparations et dont la sortie n'est également justifiée par aucune pièce, ci.	1	65
470 œufs consommés dans le mois d'avril, en sus du nombre porté dans les relevés de prescriptions, ci.	58	28
Total égal. . . .	209	18

Veuillez, en conséquence, opérer immédiatement le versement de la somme mise à votre charge, dans la caisse du receveur des finances, et m'adresser ensuite, pour être transmis au ministre, le récépissé constatant ce versement.

Recevez, Monsieur, l'assurance de ma considération très distinguée,

Le sous-intendant militaire,

BOUAISSIER.

A M. SIMONNIN, *officier comptable des hôpitaux militaires, en retrait d'emploi.*

lits existait à l'hôpital, et avec un peu de bonne foi ou d'attention, le successeur aurait dû en faire un sujet de rectification par une pièce d'entrée.

Je ne parlerai pas des 33 paires de pantoufles. Quant aux 470 œufs, si la pièce qui devait constater le motif de leur sortie n'existait pas, en la réclamant à la direction du Dey, il eût été facile de trouver l'origine et le motif de cette dépense, qui, selon la croyance du comptable soussigné, a été le résultat d'un versement à la marine royale chargée d'un transport de malades.

Ainsi, un officier comptable est libéré de sa gestion, et puni en même temps : libéré pour n'avoir pas dépassé les bornes du réglement; puni pour s'y être rigoureusement renfermé. Quel jeu d'équilibriste faut-il donc exécuter pour satisfaire ces Messieurs ?

La nullité du motif *allégué* étant démontrée, il doit y avoir nécessairement d'autres causes de mauvais vouloir contre le comptable soussigné, indépendamment même de la persécution de M. d'Hautpoul et de la machination dont le sieur Brocquet a été l'instrument.

Cette idée s'est souvent présentée à la pensée du comptable soussigné, et chaque fois elle a pris le caractère de la réalité; il n'insistera pas sur ce point dans ce mémoire, qui est entièrement consacré à faire luire la vérité sur la moralité de sa gestion. Les récriminations ne sont bonnes que lorsqu'on défend une mauvaise cause, et la sienne est trop belle pour employer ces moyens.

Il abordera donc tout de suite le compte rendu de la gestion de 1840, compte complet qui peut faire juger de la totalité de sa gestion; quitte plus tard, lorsqu'il ne s'agira plus de lui, à signaler des faits, non connus et des hommes qui ont usurpé la considération dont ils jouissent. Peut-être, dans ce sens, ses loisirs pourront-ils être de quelque utilité au pays. Il n'a pas passé douze années en Afrique, dans les hôpitaux, sans avoir recueilli des documens intéressans sur la consommation en hommes et en argent, mais particulièrement en hommes, qui s'est faite en Algérie.

Exercice 1840.

Mouvement général des malades.

Restans le 1er janv. 1840.	ENTRÉES		SORTIES			Restans le 31 déc. au soir.	JOURNÉES	
	par billet.	évacuat.	par billet.	évacuat.	morts.		d'officiers	de soldats.
936	12,849	5,016	13,458	2,567	1,472	1,304	22,957	464,842

CHAPITRE Ier.

Alimens et légers alimens.

Il a été relevé sur les pièces élémentaires, que le nombre de journées au régime maigre a été de........................ 188,070
— gras a été de.......................... 299,729

Total général des journées d'officiers et soldats. 487,799

Mise de la viande à la marmite.

Le réglement alloue 500 gr. de viande par jour et par homme au régime gras.

281,864	malades présens le matin donnent une pesée de.	140,932 k.	00 d.
9,338	entrans pour la pesée du soir seulement.......	2,334	50
8,527	— après la mise de la viande à la marmite pour le soir....................	»	»
299,729	Total de la viande portée.	143,266	50

Du détail ci-dessus, il résulte que, près de la moitié des entrans ont été portés comme n'ayant pas droit à la viande le jour de leur entrée.

Ce détail étant exact, le comptable ne le fait ressortir que pour prouver qu'il lui eût été facile, s'il l'eût voulu, de bénéficier d'une somme de 1,746 fr. environ : il n'avait qu'à porter 4,263 hommes en plus dans ceux ayant droit à la pesée du soir. Le contrôle est trop difficile pour qu'on eût pu s'en apercevoir.

Alimens légers.

Latitude du réglement.

Prescriptions en pain, qui, aux termes du réglement, peuvent avoir un léger aliment, matin et soir.......	1/2...............	405,041
	1/4...............	170,330
	Soupes...............	57,350
	Diètes...............	203,481
Il convient d'ajouter à ce nombre, pour atteindre les limites du réglement, deux légers alimens pour les hommes au régime maigre qui se trouvent déjà compris pour deux autres dans le détail ci-dessus, soit.		376,140
En admettant que les journées d'officiers soient pour moitié dans le régime maigre, l'autre moitié ayant droit, quoique au régime gras, à deux légers alimens, matin et soir, il faut ajouter pour ces derniers.		22,957
Total des portions qui pouvaient être prescrites.		1,235,299

Prescriptions faites en 1840 par MM. les officiers de santé traitans.

Portions de farine....................	23,754
Pâtes féculentes............	8,664
Riz....................	309,701
Vermicelle................	34,135
Pruneaux................	39,828
OEufs:....................	211,636
Raisins....................	16,770
Pommes de terre............	228,392
Bouillons maigres............	93,960
Poissons....................	59,657
Pommes....................	10,597
Veau ou mouton............	2,469
Poulets....................	4,876
Légumes verts............	6,295
Panades....................	59,831
Lait pour soupes et laits simples.	95,092
Total des prescriptions.	1,205,657
MM. les officiers de santé pouvaient prescrire.	1,235,298
Ils sont restés en dessous de la latitude du réglement, de.	29,641 portions.

L'officier comptable soussigné ne cherche en aucune manière à faire valoir sa gestion quant au chapitre Ier. Les prescriptions sont faites par MM. les officiers de santé traitans; à l'administration la mission de faire exécuter ces prescriptions, lorsqu'elles ne dépassent pas les limites réglementaires.

Le comptable ne craint pas que l'on découvre de surcharges dans les relevés généraux. Pendant toute sa gestion, ces relevés furent soumis, appuyés des relevés particuliers, au contrôle et à la signature de MM. les officiers de santé en chef, qui, par leurs fonctions, sont appelés à les légaliser. La réputation d'exactitude dont jouissent, à juste titre, MM. Monnard, doit assez faire connaître que cette vérification n'était point illusoire.

CHAPITRE II. — *Feux et lumières.*

Prix de journée pour 1840.... 6 c. 466 m.

Etablir un point de comparaison entre les consommations de l'hôpital du Dey et celles des autres établissemens de l'Algérie, serait prouver l'ignorance des lieux et des faits.

L'hôpital du Dey a constamment eu un terme moyen de 54 officiers malades ou de garde, et de 200 vénériens et galeux.

Lors de la formation de l'hôpital, deux cuisines furent établies : l'une pour les soldats, l'autre pour les officiers; cette dernière comprenait même la marmite, d'où devait résulter une augmentation notable dans la consommation du bois, et de près du double dans celle du charbon. Ce surcroît de dépense était, du reste, inévitable, car il était et il est encore impossible de faire la cuisine pour les deux catégories dans le même local.

Le nombre de maladies vénériennes et autres nécessitait un

terme moyen par jour de 200 bains entiers, d'environ 100 bains de bras ou de jambes, et de 150 bains de siége. Qu'on ajoute à l'eau chaude nécessitée pour ces bains toute celle que l'on emploie journellement dans les diverses parties du service et pour la propreté des salles, et l'on ne trouvera pas étonnant que deux chaudières fussent constamment en état d'ébullition. Deux chaudières étaient également, nuit et jour, en fonctions pour le service de la buanderie, et deux autres à la pharmacie se refroidissaient rarement.

A ces causes, déjà assez grandes, de dépense, ajoutez qu'il n'y avait pour combustible que du bois d'olivier et de pin, à brûler dans des *fourneaux non économiques*, et vous jugerez si le comptable n'a pas apporté dans ce chapitre, tout-à-fait de son ressort, l'économie désirable et compatible avec un bon service.

CHAPITRE III. — *Pansemens et médicamens.*

Tout-à-fait du ressort de MM. les officiers de santé.

CHAPITRE IV. — *Blanchissage du linge.*

Prix de journée des malades pour 1840.... 3 c. 142 m.

Que peut dire la vérification sur ce prix de journée, qui est juste le double pour les malades de ce qu'une circulaire accorde pour les journées d'infirmiers en santé, et encore ces derniers n'ont droit qu'à deux paires de draps par mois.

Il faudrait plus que de la mauvaise foi pour attaquer ce chapitre ; et cependant, comme c'est un de ceux entièrement du ressort du comptable, il aurait, avec le chapitre II, le chapitre V et le chapitre VI, motivé la grande rigueur dont on a usé envers lui.

Tout minime que se trouve ce prix, il eût été moindre encore si le comptable avait pu se procurer de meilleures blanchisseuses, et si la qualité du savon et la force de la soude avaient réuni les conditions du cahier des charges; mais, à Alger, l'on ne peut, comme en France, remplacer les mauvaises denrées livrées par les fournisseurs.

Somme toute, le blanchissage du linge au Dey ne fut jamais un vain mot; et la propreté du malade dans son lit fut constamment un objet d'éloges de la part des personnes appelées à visiter l'hôpital (1).

CHAPITRE V. — *Entretien du mobilier.*

Prix de journée des malades en 1840.... 2 c. 620 m.

01c 620me de plus que la circulaire précitée accorde par journée d'infirmiers *en santé*. Ces derniers n'usent cependant que des draps, des matelas, paillasses et lits en fer; ces objets leur sont communs avec les malades, qui ont, en outre, des capotes, des pantalons, des chemises, des chaussettes, des pantoufles, etc., et qui, pour user plus que les infirmiers, ont la maladie.

La mauvaise qualité des locaux servant de magasins est un des grands motifs de détérioration du linge. Il n'existe que des *baraques* pour le linge propre et sale, ainsi que pour les objets de lainage.

Dans un pays comme l'Afrique, infesté de rats, ces localités sont déplorables. Il y a peu de linge ou de lainage taché de sang ou de graisse, qui ne portent les marques des dents de ces animaux; aussi ce ne sont point toujours des

(1) Le comptable sait fort bien que l'on a trouvé à redire sur les quantités de linge blanchi, qui dépassaient les bornes réglementaires. Il aime mieux être accusé d'avoir trop fait pour le bien-être du malade, que d'avoir reçu des reproches pour le contraire. Il se bornera à signaler un seul des motifs qui ont entraîné ce surcroît de rechange: c'est la consommation, en 1840, de 102,411 sangsues, qui, au terme moyen de 20 par prescription, font 5,120 applications différentes.

reprises d'usure, mais des trous qu'il faut réparer dans des draps ou autres effets mis souvent en service pour la première fois.

Ces graves inconvéniens furent fréquemment signalés, et des localités convenables demandées; mais *le Génie répondit long-temps qu'il n'avait pas de fonds;* plus tard, lorsqu'il en eut, ce ne fut encore que des *barraques* qu'il construisit. On ne remédia donc pas au mal.

A ces causes, il faut ajouter l'emploi, pendant l'été, de capotes et pantalons de drap. Le soldat, peu soigneux des effets qui ne lui appartiennent pas, s'irrite de la chaleur qui l'étouffe sous ces vêtemens, et leur fait supporter sa mauvaise humeur.

Enfin les pantoufles et les chaussettes sont deux sujets de ruine dans un hôpital qui n'a de promenoirs que des espaces sablés.

CHAPITRE VI. — *Frais de bureaux.*

Prix de journée pour 1840.... » 164 m.

Le montant de la dépense de ce chapitre, qui est de 965 fr. 22 c., doit être réparti ainsi :

Service de santé.....................	441 f.	35 c.
Administration....................	361	52
Infirmiers..........................	162	35

CHAPITRE VII. — *Sépultures.*

Le comptable n'a porté en dépense que les suaires et les sépultures. Ces dernières étaient adjugées sur marché.

Le comptable aurait pu augmenter ce chapitre de 10 fr. par décès d'officier: il ne l'a pas fait, parce que les bières qui auraient motivé ce surcroît de dépense étaient confectionnées avec des planches hors de service.

Pour compléter ce compte rendu, le comptable soussigné donne ci-dessous le détail de ses dépenses extraordinaires.

Dépenses non applicables au prix de journée.

Solde de deux interprètes................	1,800	»
Prime de 25 c. par jour aux infirmiers civils.	9,799	50
Gratifications aux infirmiers militaires......	2,357	50
Frais de bureaux et de représentation aux officiers de santé en chef de l'armée.........	6,133	32
Transport d'effets et de malades...........	1,377	»
Total...	21,467	32

Le comptable soussigné est tellement persuadé qu'il a apporté dans sa gestion toute l'économie compatible avec un bon service, qu'il ne craint pas de la soumettre à ses collègues et aux personnes appelées à le juger : aussi a-t-il voulu rendre ce travail public, désireux, comme il l'a dit plus haut, de faire luire la vérité.

Cette vérité reconnue, la sympathie des gens de bien lui sera acquise, sans nul doute, et le mépris sera dévolu à ceux qui abusent de leur position pour nuire : vainement ces derniers chercheront-ils à s'abriter sous la signature du ministre, et lui imputeront-ils leurs faits ; personne ne sera dupe de cette défaite, et l'on pourra leur dire avec raison, que si, sous notre gouvernement, les ministres sont responsables quant au roi, les bureaux doivent l'être quant aux ministres.

SIMONNIN.

Paris, le 30 septembre 1843.

PIÈCES JUSTIFICATIVES.

PIÈCES JUSTIFICATIVES.

N° I.

HOPITAUX MILITAIRES.

Ordre de service.

M. Simonnin (Jules), adjudant de 1re classe, chargé par intérim de la direction de l'hôpital de la Salpétrière, est prévenu, qu'en suite du retour à Alger de M. George, etc.

M. Simonnin, auquel l'administration saisit cette circonstance pour lui témoigner sa satisfaction de la manière dont il s'est acquitté de ses fonctions de comptable, reprendra sa position primitive, et sera attaché en sa qualité à l'hôpital de la Salpétrière.

Alger, le 30 juillet 1833.

L'officier principal des hôpitaux,

Signé Deluy.

Vu et approuvé,

L'intendant militaire de l'armée,

Signé Baron Bondurand.

N° II.

Alger, le 29 juin 1834.

Monsieur,

J'ai l'honneur de vous adresser ci-joint un ordre pour rendre le service de l'hôpital à M. George, officier comptable, rentré de congé.

Recevez, Monsieur, le témoignage de ma satisfaction sur le zèle et l'exactitude dont vous avez fait preuve pendant le temps que vous avez été chargé de ce service, et l'assurance de ma sollicitude à faire valoir vos droits à l'avancement.

L'officier principal des hôpitaux,

Signé DELUY.

N° III.

Alger, le 20 avril 1836.

Monsieur,

Je vous préviens que je vous ai désigné pour remplacer M. Wanheddeghem, etc.

Je me plais à croire que vous justifierez par votre bonne gestion le choix que j'ai fait de vous pour remplacer M. Wanheddeghem.

J'ai, etc.

L'Intendant militaire,

Signé MELCION D'ARC.

C'est une marque de confiance, et je suis convaincu que vous la justifierez par votre zèle, vos efforts, et surtout par votre *probité*.

M. D'A.

N° IV.

MINISTÈRE DE LA GUERRE.

Paris, le 9 janvier 1837.

Je vous préviens, Monsieur, que, vu l'importance du mouvement de l'hôpital militaire de Bone, j'ai décidé qu'un officier d'administration comptable serait attaché à cet établissement, et j'ai désigné M. Fouque, dit Guyot, chargé présentement de l'hôpital militaire de Sedan.

Vous aurez donc à lui faire la remise, etc.

Votre remplacement par M. Fouque n'est qu'une mesure d'ordre, et n'a rien de défavorable pour vous. Loin de là, je me plais à reconnaître que votre zèle et votre capacité n'ont jamais été au-dessous de la tâche difficile qui vous était confiée, et je ne perdrai point de vue les titres réels que vous vous êtes acquis à la bienveillance de l'administration.

Recevez, etc.

Pour le ministre :
Le directeur général de l'administration et de la comptabilité,
Signé MARTINEAU.

N° V.

Extrait d'une lettre de M. le baron Volland au Ministre de la guerre, du 23 juillet 1837.

M. Simonnin, qui avait géré l'hôpital de Bone avec succès, qui a eu plusieurs gestions successives pendant les sept ans consécutifs qu'il a passés en Afrique, découragé par beaucoup de déceptions, demandait à rentrer en France en congé. Je l'ai déterminé à prendre la direction de l'hôpital à créer, et dans cette position il se rendra utile, car il est fort entendu dans le service et fort capable. J'ai cru devoir lui promettre qu'il lui serait tenu compte de cet acte de dévouement, et je ne saurais trop recommander cet officier d'administration, dont les droits me paraissent bien établis, à votre justice et à votre bienveillance.

N° VI.

MINISTÈRE DE LA GUERRE.

Note pour M. le sous-intendant militaire Dagnan, chef du cabinet du ministre.

Paris, le 28 juin 1838.

M. Simonnin, officier d'administration comptable des hôpitaux militaires, attaché au corps d'occupation d'Afrique, présentement en congé à Perpignan, demande à être chargé du service de l'un des hôpitaux de l'intérieur, et désigne particulièrement celui de Givet, dans la supposition que le comptable de cet établissement sera prochainement mis en non-activité.

Aux termes de l'article 165 du réglement du 1er avril 1831, le service d'un hôpital de un à cinquante malades doit être géré par un adjudant de 1re classe. Or, en 1837, et pendant les cinq premiers mois de 1838, la moyenne du mouvement de l'hôpital de Givet est restée au-dessous de trente malades.

Dans le cas où le comptable de cet établissement serait mis en non-activité, l'administration, qui, pour rentrer dans les limites de son budget, ne peut négliger aucune économie compatible avec le bien du service, ne devrait placer à Givet qu'un adjudant d'administration en premier.

M. Simonnin ne peut donc aspirer à la gestion de cet hôpital.

D'un autre côté, par son âge et sa capacité, M. Simonnin convient parfaitement à un service d'armée, et peut rendre en Afrique les services les plus utiles. Récemment promu, il est juste qu'il soit employé, quelque temps encore, là où il a reçu la récompense qui doit l'encourager à rendre de nouveaux services. Enfin, M. le Gouverneur-général, Maréchal Valée, attache la plus haute importance à ce que le personnel des services administratifs de l'armée soit toujours tenu au complet. On ne pourrait donc en retirer M. Simonnin que s'il avait été proposé par M. l'intendant militaire pour rentrer en France, et on ne voit aucune raison qui justifierait cette proposition.

Il m'est donc absolument impossible de proposer actuellement au ministre de rappeler M. Simonnin dans l'intérieur, et cependant j'aurais vivement désiré de pouvoir donner une suite favorable aux recommandations dont cet officier d'administration est l'objet.

Le chef de la division de l'administration,
Signé ÉVRARD.

N° VII.

Alger, le 10 février 1841.

Monsieur,

Vous m'avez adressé, pour être transmise à M. l'intendant militaire de l'Algérie, une demande tendant à être autorisé à rentrer en France, après avoir fait la remise du service dont vous êtes chargé à l'officier d'administration qui aura été désigné pour vous remplacer.

Dans l'espoir de vous voir revenir d'une semblable détermination, à la vérité motivée par des affections de famille et l'état de votre santé, j'ai retenu plusieurs jours cette demande, à laquelle j'ai cependant donné cours, bien qu'à mon grand regret, d'après votre insistance. J'aurais désiré conserver à l'administration d'Afrique un sujet qui, par son zèle incessant et éclairé, a su mériter les suffrages de Messeigneurs les ducs d'Orléans et de Nemours, de M. le Maréchal Valée, de M. le Gouverneur-général Bugeaud, et de tous les Officiers-généraux et autres, qui ont eu mission de visiter l'hôpital du Dey.

Le registre seul des officiers de visite attesterait d'ailleurs suffisamment de votre bonne administration et de votre sollicitude en faveur des malades.

Je joins à tant de témoignages le mien, dans la persuasion où je suis qu'il sera de quelque prix à vos yeux, comme ayant été chargé de surveiller toutes vos opérations.

Recevez, etc.

Le sous-intendant militaire.

Signé SEGONNE.

N° VIII.

Alger, le 30 mars 1841.

Monsieur,

Je vous transmets ci-joint, avec la notification de la dépêche ministérielle du 18 de ce mois, qui désigne M. Hurey, officier d'administration principal, pour vous succéder à l'hôpital du Dey, la lettre de service qui vous confie la gestion de celui de Toulon.

A cette occasion, je me plais à vous témoigner toute ma satisfaction pour la manière avec laquelle vous avez administré ce premier établissement, au milieu des difficultés sans nombre qu'avait fait naître la grande affluence des malades.

Je ne doute nullement que M. l'intendant-militaire de l'Algérie, témoin lui-même de vos efforts, ne vous propose à M. le Ministre de la guerre, dans son travail d'inspection, pour une récompense honorifique, ou pour le grade d'officier principal, selon moi, bien mérité.

Recevez, etc.

Le sous-intendant militaire.

Signé SEGONNE.

N° IX.

Très confidentielle.

Lille, le 26 octobre 1842.

Mon cher monsieur Riffé,

Ma sœur Lidie m'a écrit hier pour me faire savoir qu'elle ne pouvait me faire parvenir les renseignemens que je lui avais demandés; et comme il m'importe beaucoup de les connaître, je prends la confiance de m'adresser à vous, mon cher camarade, dans la pensée que vous ferez tout ce qui dépendra de vous pour me satisfaire. Voici ce dont il est question.

Je désirerais que vous tâchiez de savoir quel est le prix annuel du loyer de la maison que M. Simonnin, officier comptable de l'hôpital, occupe dans la rue Royale, s'il a encore un cheval et un cabriolet; enfin s'il fait encore autant de bruit que par le passé, par suite de ses grands dîners et de ses soirées (1).

Il vous sera facile, je pense, en causant avec MM. Cochet ou Raffy, d'amener la conversation de manière à obtenir ces renseignemens, que je vous prie de me transmettre *dans le plus bref délai possible.*

Je crois inutile de vous recommander d'agir, dans cette circonstance, de manière à ne pas éveiller les soupçons de la per-

(1) Inutile de dire que ces inventions de cabriolet, de soirées, etc., sont aussi mensongères que ridicules.

sonne à qui vous vous adresserez pour satisfaire à ma demande.

Soyez persuadé que je vous serai reconnaissant de ce que vous voudrez bien faire pour moi en cette circonstance.

Veuillez, etc.,

Signé BROCQUET,
Commis auxiliaire de l'intendance.

N° X.

Je soussigné, Brocquet (Hector-Joseph), commis auxiliaire attaché aux bureaux de l'intendance militaire, déclare avoir été chargé, par une personne du dehors, et que je ne puis nommer, de prendre les renseignemens qui font l'objet des lettres que j'ai écrites à M. Riffé au sujet de M. Simonnin, officier comptable de l'hôpital militaire de Saint-Omer, laquelle personne était envieuse de la place de M. Simonnin.

J'affirme ensuite, sur l'honneur, que je n'ai entretenu aucune correspondance, au sujet des renseignemens dont il s'agit, avec MM. Raffy et Cochet, adjudans d'administration attachés au susdit hôpital, et que c'est par imprudence que je les ai nommés dans ma correspondance avec le dit M. Riffé.

Lille, le 14 janvier 1843.

Signé BROCQUET.

BIBLIOTHÈQUE ROYALE

IMPRIMÉ CHEZ PAUL RENOUARD,
rue Garancière, n. 5.

www.ingramcontent.com/pod-product-compliance
Ingram Content Group UK Ltd.
Pitfield, Milton Keynes, MK11 3LW, UK
UKHW032024260826
14628UKWH00006B/2696